OBSERVATIONS

SUR LA CAUSE PRINCIPALE

DU DÉFICIT DU FONDS COMMUN,

CRÉÉ PAR L'ARTICLE 2 DE LA LOI DU 27 AVRIL 1825,

ET SUR

LES MOYENS DE LE RÉPARER.

PAR M. H. DARD,

Jurisconsulte, ancien avocat à la Cour de Cassation,
chevalier de l'ordre de Charles III d'Espagne.

Jure naturæ æquum est neminem cum
alterius detrimento et injuria, fieri locu-
pletiorem. *Leg.* 206 *ff. de regul. jur.*

PARIS,
A. PIHAN DELAFOREST,
IMPRIMEUR DE MONSIEUR LE DAUPHIN ET DE LA COUR DE CASSATION,
rue des Noyers, n° 37.
1829.

AVANT-PROPOS.

Ecce iterum : C'est toujours moi qu'on retrouve alors qu'il s'agit de réparer l'immense spoliation qu'on désigne sous l'expression adoucie de *vente des biens* des émigrés. Je me suis voué à cette cause dès qu'il a existé un tribunal où il fut possible de la plaider, et à une époque où il fallait encore y apporter dévouement et courage. De nos jours on croit difficilement qu'un homme poursuive avant tout dans une bonne action le contentement de l'avoir faite, et trouve dans la défense de la vérité et des grands intérêts de la société, le prix du temps qu'il y met et des peines qu'il y rencontre. On dit, on imprime que les émigrés m'ont décerné l'utile et honorable récompense d'une terre dont on fait varier le produit de dix jusqu'à vingt mille francs de rentes. On me représente heureux et tranquille dans un bon château, et enrichi par une mesure qui en a ruiné tant d'autres. Si j'eusse obtenu ce résultat de mes travaux, j'en jouirais en sûreté de conscience ; car je ne l'aurais certainement pas dérobé. Dans la vérité, je n'ai jusqu'à présent, de terre et de château (provenant de la reconnaissance des émigrés) que dans certains journaux, et on sait qu'ils ne les donnent pas directement ; ils se contentent de mettre leurs amis en position d'en acquérir avec le temps, ce à quoi ceux-ci manquent rarement(*a*). *Voyez les notes à la fin de l'ouvrage.*

Voici où se sont bornés jusqu'ici les honoraires que j'ai reçus du gouvernement ou des parties intéressées. En 1814, après la restauration, j'ai été jeté en prison, de compagnie avec mon honorable confrère M. Falconet, pour avoir publié chacun de notre côté, et sans nous être communiqué un écrit où je démontrais assez bien qu'on ne pouvait pas faire marcher de front la restauration de la maison de Bourbon, et la spoliation de ceux qui y avaient travaillé pendant vingt-cinq ans. Nous eûmes quelque peine à échapper à la sévérité des lois portées contre ceux qui troublaient le sommeil des acquéreurs de biens nationaux de toute origine, et on crut me faire grace en me renvoyant à mon cabinet : ce fut là ma première récompense. Elle n'affaiblit point mon courage. Dix ans entiers, j'ai consacré ma plume et mes veilles à faire prévaloir le principe de l'indemnité à accorder aux émigrés. Je prouvais que l'ordre social ne serait raffermi en France, que si ce principe finissait par prédominer. Rien en effet, ne marque mieux la ligne qui sépare profondément la légitimité de l'usurpation, que le respect de la justice qui est de l'essence de la première, tandis que la seconde est soumise à la nécessité quelque dure, quelque injuste, quelque cruelle qu'elle soit. La toute puissance de la justice devait donc signaler la restauration ; nous rendre cette conscience délicate de tous les droits et des moindres droits qu'avaient successivement éteinte les fureurs de la révolution et les tristes nécessités de l'usurpation. Il n'était pas possible que la confiscation des biens des émigrés trouvât la moindre place dans la monarchie. Tous les intérêts s'élevaient d'ailleurs pour en solliciter l'abolition, et à la tête de ces intérêts marchait le premier de tous, celui qui a fondé l'ordre social, l'intérêt de la propriété. Il fallait saisir une occasion solennelle d'avertir toutes les législations que le propriétaire ne peut jamais être dépouillé de sa propriété que par un acte libre de sa volonté, et que hors de là, dans quelques mains qu'elle passât, en vertu de quelque loi, de quelque ordre et de quelque puissance que ce fût, la propriété réclamait toujours contre l'injuste possesseur *perpetuò clamat;* et alors apparaissait dans toute sa force et toute sa beauté cette admirable disposition de la Charte qui abolit à jamais la confiscation. Je l'appelle admirable cette disposition, parce que la nation qui aura le bonheur d'y être fidèle sera préservée des tyrans et des révolutions, deux choses qui se ressemblent assez par les outrages qu'elles font à l'humanité. On ne peut pas avoir déja oublié que la confiscation abolie par la Charte en 1814, fut rétablie l'année suivante par

Buonaparte, par le décret de Lyon du 13 mars 1815 et par les articles additionnels aux constitutions de l'empire tant il est vrai que l'usurpation ne peut pas s'en passer. Rome n'eût pas compté à une certaine époque autant de monstres que de maîtres, si les confiscations n'eussent pas été le seul moyen qui leur restât d'emplir leur trésor: l'Irlande ne serait pas l'une des contrées les plus malheureuses de l'Europe, si Cromwel ne l'eût pas ravagée par ses confiscations, et assez profondément pour que rien en efface peut-être jamais la trace : et chez nous même, la révolution dégagée des confiscations, n'eût pas eu à beaucoup près ni la même durée, ni la même intensité. Elle eût passé comme un emportement violent, après lequel la paix se rétablit d'elle-même au sein d'une famille. Voilà ce qui rend si précieuse l'abolition du droit de confiscation proclamée par la Charte; mais cette abolition n'eût été qu'une dérision cruelle si elle avait concouru avec la sanction de la confiscation la plus injuste, la plus immorale et la plus étendue qui ait eu lieu parmi les peuples modernes.

Une autre et puissante considération se déduisait encore des premières notions de l'économie politique. En accordant une indemnité aux anciens propriétaires dépossédés, on rendait toute leur valeur aux immeubles dont ils avaient été dépouillés. Ces immeubles allaient rentrer dans la circulation sans que rien les distinguât des autres; de là les transactions devenaient plus nombreuses et plus faciles, et les fonds de terres n'étaient plus frappés dans l'opinion d'une inégalité nuisible. Enfin, et puisque la restauration était l'ère de la réconciliation, il fallait arracher du sein de la France un germe de discorde que rien n'empêcherait désormais de se développer.

La discussion de cette grande mesure m'a occupé pendant dix ans. J'ai renoncé à un cabinet accrédité, j'ai fait plus : j'ai négligé mes affaires personnelles pour être tout entier à celle-là. C'est dans cet esprit que j'ai publié en 1814 un ouvrage sur *la restitution des biens des émigrés, considérée sous le triple rapport du droit public, du droit civil et de la politique.* En 1819 (b), *Une opinion sur diverses questions concernant les dettes contrac-tées par des émigrés* (c). En 1821, des *Ré-flexions sur les moyens de faire cesser la différence qui existe dans l'opinion entre la valeur des biens patrimoniaux et ceux dits nationaux* (d). Dans la même année, *Une opinion concernant la con-fiscation, la vente des biens des émigrés et la confirmation de la vente de ces biens par l'autorité royale* (e). En 1825, des *Observations sur le projet de loi d'indemnité à accorder aux émigrés.* En 1826 (f), une *Dissertation sur la question de savoir, si les anciens pro-priétaires de biens confisqués et vendus révolutionnairement peuvent être tenus de supporter la déduction des intérêts des dettes par eux contractées avant la con-fiscation et courus, depuis cette époque, lorsque ces intérêts ont été payés par l'Etat en même temps que le capital desdites dettes.*

Ici se bornent les ouvrages que j'ai pu-bliés à mes frais, et dont la vente ne pou-vait pas couvrir la dépense, parce que les sujets que j'y traitais n'intéressaient guères le public, et ne s'adressaient qu'au petit nombre. J'ai fait plus : dès que la commission d'indemnité a été formée, j'ai ouvert mon cabinet à tous ceux qui m'ont invoqué pour éclaircir les difficultés que faisait naître la loi du 27 avril 1825, et un assez grand nombre de mes consultations a passé sous les yeux de la commission. Je ne regrette point cet emploi de mon temps, et si j'avais à recommencer je le ferais encore ; tant est grande à mes yeux la réparation que j'ai poursuivie au nom de l'humanité, de la justice, et de l'intérêt social. Maintenant veut-on savoir absolument quel a été le prix de mes efforts ? Du côté des parties intéressées, je n'ai pas même reçu le remboursement de mes avances, et j'attends les dix mille francs de rentes sur le grand-livre, dont il a plu dernièrement au *Courrier français* de me gratifier, et la réalisation des souscriptions dont le produit doit payer le prix de la propriété qui m'a été promise.

J'avais espéré davantage de la part du gouvernement, alors qu'il plaçait, fort justement à mon gré, la loi du 27 avril 1825 entre ses titres de gloire. J'ai même osé de-

mander quelque honorable prix de mes sa-
crifices et de mes veilles; mais je n'en ai
recueilli que la satisfaction de m'applaudir
comme un célèbre candidat de l'antiquité,
de ce que la monarchie trouvait pour la
servir tant de jurisconsultes qui valaient
mieux que moi, et qui l'emportaient par
leur érudition, leurs talens, leur fidélité
de toutes les époques, les services qu'ils
avaient rendus et les causes difficiles qu'ils
avaient défendues. Je n'avais dévoué au
bout du compte à celle des émigrés que
ma liberté, mon temps et ma fortune; je
n'étais parent ni allié d'aucun ministre, et je
n'appartenais à aucune coterie. Je sais que
des personnes qui ne peuvent pas concevoir
qu'un dévouement de dix ans ait pu rester
absolument sans récompense, croient que
j'ai été bien vengé de l'oubli que les mi-
nistres du roi passés et présens ont fait de
mes services, par les pensions dont je jouis
sur la liste civile; et ce qui les confirme dans
cette croyance, c'est le haut intérêt que Sa
Majesté a toujours porté à ceux de ses sujets
qui l'ont accompagnée dans son exil, ainsi
que la grande illustration que la loi d'in-

demnité répandra sur son règne. Le Roi a daigné m'accorder au mois de septembre 1826, une audience particulière, mais je déclare que je n'ai obtenu jusqu'ici de Sa Majesté aucune grace ni pension, pour moi ou pour personne de ma famille : que je n'ai jamais reçu aucuns secours, ni indemnités du trésor de la liste civile ; et inutilement chercherait-on mon nom sur quelque livre ou registre de pensions. Je n'ai pas obtenu davantage l'une de ces honorables distinctions qui dépassent à mes yeux les récompenses pécuniaires, et je conserve le regret d'en avoir été jugé digne, ailleurs que dans ma patrie.

Et cependant je rentre dans l'arène; j'y rentre, parce qu'une souveraine injustice est prête à couronner cette liquidation d'indemnité que j'ai si persévéramment poursuivie. Je ne me croirai pas quitte de ma tâche tant qu'il restera quelque bien à faire.

On sait qu'il existe une différence énorme, pour la fixation de l'indemnité, entre les immeubles vendus à une époque et ceux vendus à une autre.

Le revenu des immeubles compris dans la première catégorie, c'est-à-dire de ceux vendus postérieurement à la loi du 12 prairial an 5, avait été estimé antérieurement aux ventes à la valeur qu'il avait en 1790. Cette estimation fournissait un élément fixe du prix de ces biens. Il ne s'agissait que de multiplier le revenu par une quantité donnée. Il le fut par vingt. Les indemnités réglées en conséquence, l'ont été d'une manière assez satisfaisante pour les propriétaires dépossédés; elles emportent plus de la moitié du milliard qui leur est affecté.

Cette règle n'était point applicable aux aliénations comprises dans la seconde catégorie, c'est-à-dire à celles antérieures à la loi du 12 prairial an 5. Ici nulle estimation ne rendait raison du produit des biens ou de leur valeur. On en fut réduit à prendre pour base de la liquidation, le prix de vente réduit en numéraire au jour de l'adjudication, en se réglant pour fixer l'indemnité sur le tableau de dépréciation des assignats dans le département où la vente avait été effectuée. Il fallut bien reconnaître sur-le-champ que cette base était fautive, parce que des biens d'une valeur égale avaient été fort inégalement vendus dans les diverses parties de la France suivant la nature des opinions qui y dominaient, et le plus ou le moins de faveur ou même de sécurité qu'on trouvait à les acquérir.

On prit alors le parti de réduire à dix-huit fois le revenu, la valeur des biens compris dans la première catégorie. On estima que ce retranchement fournirait une ressource de près de soixante millions. On crut aussi qu'il resterait des fonds libres sur l'affectation générale de trois cent millions de rentes et que ces deux élémens formeraient un fonds commun qui servirait à faire disparaître les inégalités qui se trouvaient entre les deux catégories.

Mais plus on avançait dans le travail de la liquidation, plus on s'apercevait que le résultat n'en serait pas tel qu'on l'avait espéré. On conçut des doutes sur la quotité du fonds qui resterait libre après que l'opération aurait été terminée conformément aux dispositions de la loi du 27 avril. A mesure que la commission concevait des doutes sur l'étendue du fonds commun elle redoublait de sévérité dans l'application de cette loi; mais il faut bien reconnaître aujourd'hui qu'en dépit de ses efforts, l'existence d'un fonds commun est devenue au moinss problématique.

Je vais donc rechercher 1° quelle est la cause principale du déficit qu'on éprouve; 2° quels sont les moyens de le réparer.

C'est encore ici une question de premier ordre. Je vais, comme je l'ai toujours fait, rechercher ce qui est juste en soi, et comment le droit commun est prêt en toute matière à fournir des armes à la justice. Je rapprocherai ensuite les règles du droit des dispositions exceptionnelles de la loi du 27 avril 1825, et je me flatte de prouver que tout concourt ici à faire réparer l'erreur dont la classe la plus malheureuse des émigrés est sur le point de devenir victime.

Je reproche à la commission de liquidation une sévérité portée trop loin; mais je lui rends cette justice, que placée entre la nécessité, de rejeter quelques réclamations approuvées par l'équité, mais en opposi-

tion avec la lettre de la loi, ou le chagrin de
ne pouvoir réparer des inégalités mons-
trueuses dont elle est l'instrument forcé,
elle a dû adopter le premier parti. J'appré-
cie avec le public, et même avec les intéressés, l'étendue, l'assiduité, la bonté de
ses travaux, et je crois que jamais plus
grande opération ne fut remise en plus di-
gnes mains.

OBSERVATIONS

SUR LA CAUSE PRINCIPALE

DU DÉFICIT DU FONDS COMMUN

ET SUR

LES MOYENS DE LE RÉPARER.

§ Ier.

De la cause principale du Déficit du Fonds commun.

La cause principale du déficit du fonds commun provient d'un mécompte sur les dettes payées par l'Etat à l'acquit des anciens propriétaires indemnisés par la loi du 27 avril 1825, et qui aux termes de l'article 9 de cette loi ont dû être déduites du montant des indemnités liquidées.

Pour concevoir les raisons qui ont motivé cette déduction des dettes, il est nécessaire de retracer quelques faits, et de rappeler quelques-unes des dispositions de la législation des émigrés.

Des biens-fonds d'une valeur de plus de dix-huit cent millions, ont été confisqués dès l'année 1792, sur des propriétaires qui crurent devoir émigrer, c'est-à-dire, sortir du royaume. La plus grande partie de ces biens-fonds furent aliénés par ordre et au nom de ceux qui s'emparèrent alors du pouvoir et qui l'ont conservé sous des formes diverses, jusqu'en l'année 1814. L'autre partie des mêmes biens confisqués n'avaient pas été aliénés ; mais réunis au domaine public auquel ils avaient été incorporés, ou affectés à des services publics ou à la dotation de quelques établissemens supprimés ils existaient encore en nature libres de tous engagemens, et pouvaient en être distraits et restitués à leurs anciens propriétaires sans léser les droits des tiers. La restitution leur en fut faite par la loi du 5 décembre 1814 (g).

Quant aux biens-fonds aliénés, la restitution aux anciens propriétaires ne put pas leur être faite en nature ; elle le fut dans une rente trois pour cent de trente millions de francs, représentative de leur valeur. La loi du 27 avril 1825 concilia de cette manière l'intérêt de l'État avec le respect dû au droit de propriété.

Ainsi il y a eu deux classes de confiscataires (1) ; la première, qui a reçu en nature la restitution de ses biens confisqués ; et la seconde, qui en a reçu la valeur en inscriptions de rentes sur le grand livre.

_____

(1) On emploie ici le mot de *confiscataire*, qui n'est guère usité qu'au palais, pour désigner les propriétaires dont les biens ont été confisqués.

Les uns et les autres avaient des dettes dont les biens-fonds qu'ils possédaient étaient hypothéqués à leurs créanciers. Les lois de confiscations devaient respecter, et elles respectèrent en effet les droits des créanciers sur ces biens. Autrement c'eût été punir ces derniers du délit qu'elles imputaient aux débiteurs.

La loi du 2 septembre 1792 (art. 4) porte : « que les dettes de chaque émigré seront ac- « quittées , autant néanmoins que les biens « confisqués , tant meubles qu'immeubles, « pourront suffire , et non au-delà. »

Celle du 3 juin 1793 (art. 3), dispose que les biens des émigrés seront vendus francs et quittes de toutes dettes , rentes et redevances foncières, dons , douaires et hypothèques. La république se charge de les acquitter, mais seulement jusqu'à la concurrence des biens meubles et immeubles de chaque émigré, après la liquidation qui en sera faite.

Enfin, la loi du 1ᵉʳ floréal an 3 déclara les créanciers des émigrés, « créanciers directs « de la république, excepté ceux des émigrés « en faillite, ou notoirement insolvables. »

Un grand nombre de créanciers des émigrés se présentèrent, firent liquider leurs créances et en acceptèrent le paiement dans les valeurs avec lesquelles l'État payait ses propres créanciers. Les confiscataires acquirent par là leur

(4)

libération, et leurs biens-fonds furent affranchis des hypothèques dont ils étaient grevés.

Lorsque le gouvernement eut résolu de
remplacer, par une indemnité en inscriptions
de rentes sur le grand livre, les biens-fonds
aliénés qu'il ne pouvait pas restituer en nature
aux anciens propriétaires, il lui parut juste de
précompter à ces propriétaires les dettes affectées sur ces biens dont il les avait libérés
par les paiemens qu'il avait faits à leurs créanciers. En conséquence, après avoir fait procéder à l'évaluation des biens-fonds aliénés,
pour lesquels une indemnité devait être accordée, dont la valeur fut reconnue s'élever
à la somme de 1,297,760,607 fr. 80 c., il dé-
duisit celle de 309,940,645 fr., à laquelle fut
calculé le montant des dettes, qui avaient été
payées à la décharge des anciens propriétaires
de ces mêmes biens-fonds ; il resta la somme
de 987,819,962 fr. 96 c., pour laquelle il demanda aux Chambres un crédit d'un milliard
en rentes trois pour cent (1).

Ainsi, le gouvernement se déclarait débiteur
des anciens propriétaires dépossédés pour
la valeur de leurs propriétés aliénées, qu'il
ne pouvait pas, à cause de ces aliénations,
leur restituer en nature, d'une somme de

____

(1) Voyez l'exposé des motifs du projet de loi par M. de *Mar-
tignac*, commissaire du Roi.

1,297,760,607 fr. 80 c., pour le paiement de laquelle il leur donnait des quittances de leurs créanciers pour une somme totale de 309,940,645 fr. et trente millions de rentes trois pour cent, au capital d'un milliard.

Mais l'évaluation des dettes à déduire sur le montant des liquidations des indemnités était fautive, en ce qu'elle comprenait, non-seulement les dettes payées par l'Etat, à la décharge des propriétaires dont les biens-fonds confisqués avaient été aliénés, mais encore les dettes payées par l'Etat à l'acquit des propriétaires dont les biens confisqués n'ayant pas été aliénés, leur furent restitués en nature par la loi du 5 décembre 1814.

Les biens ainsi restitués peuvent être évalués à quatre cent millions de francs; et les dettes qui ont été payées par l'Etat à la décharge et pour le compte de ces propriétaires, ne s'élèvent pas à moins de cent quarante millions.

Or, cette somme de cent quarante millions est comprise dans celle de 309,940,645 fr., à laquelle on a vu que les déductions à opérer sur le montant des liquidations avait été évaluée par le gouvernement dans le calcul auquel il s'est livré pour fixer la somme à demander aux Chambres pour indemniser les propriétaires de biens-fonds dont la restitution ne pouvait pas leur être faite en nature.

Si tous les propriétaires de biens-fonds confisqués, et qui ont obtenu, soit en vertu du sénatus-consulte d'amnistie de l'an 10, soit en vertu de la loi du 5 décembre 1814, la restitution de leurs biens en nature, et qu'on a désignés plus haut sous le nom de confiscataires de la première classe, avaient eu aussi des biens-fonds aliénés, et pour une valeur égale à celle des dettes que l'État avait payées pour eux, la déduction de ces dettes leur aurait été faite sur le montant de la liquidation de leurs indemnités, et on aurait trouvé la somme annoncée par le ministre des finances, de 309,940,645 fr., pour le total des déductions faites sur les liquidations des indemnisés. Mais il n'en est pas ainsi. D'un côté, un grand nombre de propriétaires, que nous continuerons de désigner par les confiscataires de la première classe, n'ont point eu de biens-fonds aliénés, et des dettes considérables, immenses, ont été payées pour eux par l'État, et figurent dans le montant total des déductions que le ministre des finances avait évalué. D'un autre côté, plusieurs des confiscataires de la première classe, qui se trouvent aussi dans la seconde, n'ont été liquidés qu'à une somme inférieure aux dettes qui ont été acquittées pour eux par l'État. Ils sont liquidés en excédant de passif, ce qui veut dire, qu'après avoir déduit du montant de leur liquidation les dettes à leur charge, il est resté une différence au préjudice de l'Etat. Les sommes résultant de cette différence sont encore comprises dans les déductions sur lesquelles le ministre des finances avait compté pour la fixation du crédit à demander aux Chambres.

En supposant que les dettes qui ne pourront pas, par les deux causes qu'on vient de signaler, entrer dans les déductions déja opérées, ou qui doivent l'être, sur le montant des liquidations de l'indemnité, ne s'élèvent qu'à cent millions, on comprend comment le fonds commun doit être, de toute cette somme, au-dessous de ce qu'il avait été calculé par les auteurs de la loi du 27 avril 1825.

Mais je suis fondé à croire que le déficit résultant du mécompte des dettes payées à la décharge des confiscataires de la seconde classe, excèdera beaucoup la somme de cent millions. Il suffit, pour s'en convaincre, de jeter les yeux sur l'état de la liquidation publié dans le Moniteur du 1er mars dernier. On voit que le total des sommes liquidées par la commission de liquidation jusqu'au 28 février 1829, s'élève à la somme de 772,400,139 francs 58 c., sur laquelle la déduction faite du passif ne se monte qu'à la somme de 122,253,690 fr. 06 c.; de sorte qu'il ne restait plus, à cette époque, sur le milliard alloué pour le paiement de l'indemnité, que la somme de 228,599,860 fr. 42 c., et que les déductions qui restaient encore à opérer pour les dettes payées à la décharge des indemnisés s'élevaient à la somme de 187,686,954 fr. 94 c., qui est la différence entre l'évaluation de la totalité de ces déductions faite par le ministre des finances, et les déductions opérées depuis le commencement de la liquidation jusqu'au 28 février 1829 (*h*).

Ces résultats de la liquidation étant posés, en voici les conséquences :

Si les déductions qui restent à opérer se montent (ce qui est invraisemblable) à la somme de 187,686,954 fr. 94 c., l'évaluation donnée par le ministre des finances au montant total des dettes payées par l'État pour les confiscataires de la seconde classe, aura été exacte.

Si, au contraire, comme le raisonnement et le calcul s'accordent pour le prouver, ces déductions ne se montent qu'à la somme de cinquante millions, la différence entre l'évaluation du ministre et la réalité des déductions faites par la commission de liquidation, sera de la somme de 137,686,954 fr. 94 cent.

Ainsi cette somme sera un véritable déficit qui doit nécessairement réduire à zéro le fonds commun, s'il ne va pas même au-delà (*i*).

En réduisant tout ce qui vient d'être dit ci-dessus à ses plus simples termes, la question du déficit du fonds commun est celle-ci.

Le gouvernement, après avoir fixé, d'après des bases qu'il a posées, la valeur des biens-fonds aliénés et provenant des confiscations, à une somme déterminée, a voulu se libérer intégralement de cette somme, dont il s'est reconnu débiteur envers les anciens propriétaires de ces biens. Pour effectuer sa libération, il a prescrit de déduire sur les liquidations de ces propriétaires le montant des dettes qu'il avait acquittées pour eux durant la confiscation, et pour le paiement desquelles il avait été subrogé dans les droits et actions des créanciers remboursés, et dont il a annoncé que le montant total s'élevait à une somme dont il a indiqué le chiffre : pour le paiement du surplus de sa dette, il a affecté une rente trois pour cent de trente millions au capital d'un milliard.

Le résultat de la liquidation a déja démontré, que les déductions des dettes seront loin d'atteindre la somme à laquelle le gouvernement les avait évaluées. Cette différence provient de ce qu'on a compris dans la masse des dettes à déduire toutes celles payées par l'Etat tant pour les confiscataires de la première que pour ceux de la seconde classe. De là un déficit certain dans les sommes qu'on avait calculées devoir rester libres sur les trente millions de rente, après la liquidation de toutes les indemnités, et dont l'ensemble a été désigné sous le nom de *fonds commun*.

§ II.

Des moyens de réparer le déficit du Fonds commun.

La cause principale du déficit du fonds commun étant connue, il est facile d'indiquer les moyens de le réparer. Ces moyens consistent à faire verser dans sa caisse, ou à faire porter à son crédit le montant des dettes qui ont été payées par l'Etat à la décharge des propriétaires des biens qui ont été confisqués et non vendus sur les émigrés et rendus par suite de la loi du 5 décembre 1814. Il est incontestable en point de droit, que l'Etat qui a payé les dettes dont étaient grevés les biens confisqués sur les émigrés a été subrogé, par le seul fait de ce paiement, dans tous les droits et actions des créanciers remboursés. Il est également certain que les biens d'un propriétaire ne s'évaluent, que déduction faite des dettes dont ils sont grevés, suivant la règle de droit *bona intelliguntur cujusque, quæ deducto ære alieno supersunt leg.* 39 §1 *ff. de verbor. signifi-cat.* Le fisc lui-même reconnaît et admet cette règle de droit ; dans le cas où des biens lui sont dévolus il ne les acquiert et n'en devient propriétaire que de ce qui reste après avoir payé les créanciers. *Leg.* 11 *ff. de jur. fisc. et leg. unic. cod. pœnis fiscalibus creditores præferri* (1).

La conséquence nécessaire de ce principe est, que les propriétaires dépossédés par les confiscations révolutionnaires n'avaient de biens, que déduction faite de leurs dettes ; et que si l'État a payé ces dettes à leur décharge, durant la confiscation, il a été, par le fait seul de ce paiement, subrogé dans tous les droits des créanciers qu'il a remboursés.

La subrogation n'est pas autre chose que la mutation ou le changement d'un créancier, en un autre créancier : c'est-à-dire, quand les droits du créancier qui est payé, passent à l'autre qui a fourni ses deniers pour le paiement ; c'est une fiction par laquelle celui qui a prêté nouvellement ses deniers est réputé entrer à son lieu et place pour exercer ses mêmes droits. C'est ce qu'enseigne Dumoulin : *subrogatio est transfusio unius creditoris in alium, eadem vel mitiori*

---

(1) Cet ancien principe du droit romain est inutile aujourd'hui que la charte a aboli la confiscation.

conditione. Vid. Dumoulin Tractact. de contract. usur. n. 276.

C'est par cette raison de la subrogation de l'Etat dans les droits des créanciers des confiscataires par lui remboursés , que l'article 9 de la loi du 27 avril 1825 a prescrit la déduction sur le montant de l'indemnité liquidée des dettes payées par l'Etat en exécution des lois des 8 avril 1792 et 12 mars 1793 à la décharge des anciens propriétaires. Or, s'il a été juste d'opérer cette déduction sur l'indemnité qui représente les biens-fonds confisqués et vendus révolutionnairement , la même justice existe pour prescrire cette déduction sur les biens-fonds eux-mêmes , confisqués mais non vendus par l'Etat , et restitués aux anciens propriétaires dépossédés.

L'Etat subrogé dans les droits et actions des créanciers du confiscataire ayant une hypothèque sur les biens-fonds confisqués (1), a le droit d'exiger le paiement de ces créances, envers le débiteur comme l'aurait le créancier originaire lui-même s'il n'eût pas été remboursé par l'Etat. La libération du débiteur n'a point été opérée, il n'a fait que changer de créancier. Seulement, tant qu'a duré la

---

(1) Remarquez que dans le système hypothécaire qui existait à l'époque de la confiscation , tous les contrats passés par devant notaires conféraient hypothèque.

confiscation, l'Etat subrogé au droit du créancier du confiscataire, étant en même temps débiteur, comme représentant ce confiscataire et tenu de ses obligations, la *confusion* avait momentanément éteint la créance, par la réunion des qualités de créancier et de débiteur dans la même personne, *l'Etat.* (Cod. Civ. art. 1300). Mais, du moment que la confiscation a cessé, et que l'Etat a fait aux confiscataires ou à leurs héritiers ou ayant cause, la remise des biens confisqués, l'Etat a repris la qualité de créancier des confiscataires, comme étant aux droits des créanciers qu'il avait remboursés, et en vertu de la subrogation résultant à son profit du paiement fait durant la confiscation. Or, cette qualité de créancier acquise à l'Etat par le fait du paiement des dettes des confiscataires, et dont l'action directe lui a été ouverte contre ces derniers, par la remise qui leur a été faite de leurs biens confisqués, il ne l'a pas perdu. La créance existe, car elle n'a pas été éteinte ni par un paiement réel de la part des confiscataires débiteurs, ni par la compensation, ni par la remise de la dette, ni par la confusion dont les effets momentanés ont cessés par la restitution des biens confisqués.

Une seule objection pourrait être faite, mais elle serait plus spécieuse que solide :

c'est ce que la discussion des faits et des principes du droit va démontrer.

Cette objection consisterait à alléguer de la part des confiscataires restitués dans leurs biens par la loi du 5 décembre 1814, que cette loi ne leur a pas imposé la condition de rembourser à l'Etat les dettes qu'il avait payées pour eux durant la confiscation : que cette loi leur a fait une remise de grace et non une remise de justice ; qu'elle leur a fait un don, une libéralité de leurs propres biens ; qu'ils les ont reçus de l'Etat, à titre nouveau, et non à titre de propriétaires dont le droit de propriété n'avait pas été détruit par la confiscation, mais dont l'exercice avait seulement été suspendu, par une appréhension ou par une possession de fait, plutôt que par une transmission de propriété au profit de l'Etat, en vertu des actes des gouvernemens révolutionnaires qui avaient prononcé la confiscation : que c'est ainsi que la jurisprudence a interprété la loi précitée du 5 décembre 1814.

En droit, la remise de la chose donnée en nantissement ne suffit pas pour faire présumer la remise de la dette. Telle est la disposition de l'article 1286 du Code Civil, conforme à la décision des jurisconsultes romains dans la loi 3 *ff de pact.*, à moins que le contraire ne soit spécialement prouvé ; *nisi specialiter contrarium actum esse probetur*. On ne peut donc pas prétendre que l'Etat a fait aux anciens propriétaires dépossédés la remise de leurs dettes, par le fait seul qu'il leur a relâché les immeubles qu'il détenait à titre de confiscation, et qui pouvaient être considérés comme le gage des dettes qu'il avait payées pour eux : car, outre que cette remise n'est pas exprimée spécialement dans aucun des articles de la loi du 5 décembre 1814, on ne trouve ni dans l'exposé des motifs du projet de loi, ni dans la discussion dans les deux Chambres, rien qui autorise les confiscataires à alléguer que la remise des dettes payées par l'Etat, à la charge des confiscataires restitués dans leurs biens, ait été dans l'intention des auteurs de la loi et de ceux qui l'ont votée (1).

____

(1) Je peux affirmer que la Commission chargée de la rédaction du projet de cette loi fut d'avis à l'unanimité d'insérer dans le projet une disposition qui obligeait les anciens propriétaires, auxquels les biens non vendus étaient restitués, à rembourser à l'État le capital des créances qu'il avait payé pour eux ; mais les pièces qui constataient ces paiemens n'ayant pu alors, (quelle qu'en soit la cause) être retrouvées dans les bureaux du ministère des finances, la Commission pensa que l'exécution de cette disposition de la loi pourrait apporter à la restitution des biens, des obstacles difficiles à surmonter, et cette considération décida la Commission à ne rien statuer à l'égard de ces dettes.

Mais quels motifs de politique, de droit ou d'équité auraient pu porter à faire aux confiscataires la remise d'une créance de plus de cent millions de francs ? il est impossible d'en apercevoir aucuns.

On conçoit que si, comme en avaient fait la proposition quelques personnes, la totalité des biens non vendus provenant des confiscations sur les émigrés, eût été restituée à tous les confiscataires en masse, pour être répartis entre eux au marc le franc de leurs pertes, il serait possible de justifier par un sentiment d'équité, la remise qui aurait été faite à ces confiscataires (si elle avait en effet été faite par une disposition formelle de la loi, ce qui n'est pas), des dettes payées par l'Etat, ces dettes étant largement compensées par le prix des biens vendus que l'Etat ne restituait pas ; et sauf à avoir égard dans la répartition, entre tous les confiscataires des biens non aliénés et restitués à la masse des émigrés, aux dettes dont chacun d'eux avait été libéré par les paiemens faits à leurs créanciers ; mais la restitution ayant été faite spécialement aux confiscataires ou à leurs héritiers ou ayant cause, il n'existait aucune raison pour leur faire la remise de leurs dettes, au moins pour le capital ; car si l'Etat avait perçu les revenus de leurs biens tant qu'avait duré la confiscation, il les avait compensés avec les intérêts des dettes qu'il avait acquittées pour les confiscataires. Que si on objectait que pour un grand nombre d'émigrés, ces revenus excédaient les intérêts des capitaux des dettes payées pour eux, et que cet excédant des revenus devait être considéré comme ayant éteint pour autant le capital de la dette : on répondrait, que tous les actes de la législation sur les émigrés ainsi que toutes les décisions du gouvernement, depuis le sénatusconsulte d'amnistie du 6 floréal an X, jusqu'à la loi du 27 avril 1825, ont posé et consacré invariablement le principe, que l'Etat ne restitue pas les fruits ou revenus des biens confisqués qu'il a perçus pendant la confiscation ; et que ce serait implicitement, et contre ce principe, faire une restitution des fruits, que de les admettre en compensation avec les capitaux des dettes des confiscataires payées par l'Etat (1).

Enfin, il serait contraire aux premières notions de la justice et de l'équité, que la con-

____

(1) Ce principe n'est pas nouveau, et on ne peut pas dire qu'il est particulier aux lois révolutionnaires portées contre les émigrés ; il n'est qu'une conséquence du droit commun admis dans tous les traités de paix, droit qui n'accorde point de restitution de fruits pour les immeubles saisis et confisqués durant la guerre ; mais qui ne restitue ces immeubles que dans l'état où ils se trouvent à la paix.

fiscation fût pour quelques-uns des confiscataires la cause d'un véritable bénéfice, en
leur procurant l'acquittement de leurs dettes
aux dépens de l'Etat, lorsque le plus grand
nombre ne reçoit qu'une indemnité très inférieure à la valeur de leurs biens confisqués
et aliénés par l'Etat ; il y aurait une iniquité
révoltante à faire supporter la déduction de
ces dettes à ceux des confiscataires qui n'ont
reçu qu'un à compte sur l'indemnité que la
loi du 27 avril 1825 leur a allouée, et au profit desquels cette loi a fait la réserve expresse
du fonds commun.

Il reste à examiner l'objection que les anciens propriétaires restitués dans leurs biens
par la loi du 5 décembre 1814, et débiteurs de
l'état subrogé à leurs créanciers, prétendraient
fonder sur le caractère de grace ou de libéralité que la jurisprudence a attribué à cette loi.
Pour justement apprécier cette jurisprudence,
il faut se reporter au temps où elle s'est formée, et ne pas oublier les ménagemens auxquels le gouvernement se croyait alors obligé envers les acquéreurs de domaines nationaux, toujours inquiets dans la possession
de ces domaines, nonobstant toutes les garanties qui leur avaient été données ; ménagemens qui étaient portés au point que les décisions du conseil-d'Etat en matière de do-

maines nationaux, étaient plus rigoureuses contre les émigrés que celles du conseil-d'Etat de la république ou de l'empire.

Le premier arrêt rendu par la cour de cassation en interprétation de la loi du 5 décembre 1814, est à la date du 25 janvier 1819, dans l'affaire du marquis d'*Espinay Saint-Luc*, contre l'abbé *Duclaux*. On ne cherchera pas à atténuer l'autorité de cet arrêt en rappelant qu'il ne fut prononcé qu'après plusieurs délibérés, et à ce que je crois savoir, à la majorité d'une seule voix ; et en faisant remarquer toute l'influence qu'a pu avoir sur la conscience des magistrats la faveur qui était due à l'héritier du sang de madame la duchesse de Sully plaidant contre un légataire universel étranger à la famille de la testatrice ; on dira seulement que la cour royale avait jugé le contraire par son arrêt du 29 juillet 1816 qui fut annulé par la cour de cassation ; et que les cours royales de Caen et de Besançon (la première par un arrêt du 18 juin 1818, dans l'affaire *Porcher Deslonchamps* contre la demoiselle *Leguerney*, annulé par la cour de cassation le 9 mai 1821 ; et le second du 28 novembre 1820, entre les héritiers de *Reculot*, annulé par un arrêt du mois de février 1823) avaient jugé la question comme la cour royale de Paris. Ainsi, à l'autorité de l'arrêt de

la cour de cassation précité du 25 janvier 1819,
et aux deux autres arrêts de cette cour qui
ont jugé que la loi du 5 décembre 1814 avait
fait aux émigrés une remise de grace, une li-
·béralité, en leur restituant les immeubles non
vendus qui avaient été confisqués sur eux ou
sur ceux qu'ils représentaient, on peut oppo-
ser trois autres arrêts de trois cours royales
différentes qui ont décidé au contraire, que
cette remise n'était pas une libéralité, mais
un acte de justice, une véritable restitution
qui effaçait la trace de la confiscation.

Cette dernière observation suffit pour prouver que la jurisprudence de la cour de cassation sur l'interprétation de la loi du 5 décembre 1814 a pour unique fondement l'arrêt du 25
janvier 1819, en opposition directe avec plusieurs arrêts des cours royales. D'où on peut in-
duire que la loi n'était pas bien claire, puisque
les cours royales et la cour de cassation n'ont
pas été d'accord sur son interprétation ; à quoi
on peut ajouter que celle admise par la cour
suprême a pu être déterminée par les mêmes
considérations de haute politique, qui ont
motivé les décisions du conseil-d'Etat dans
les questions de propriété de domaines nationaux élevées entre les acquéreurs et les anciens propriétaires de ces domaines. On lit en
effet dans les considérans de l'arrêt de la

Paris du 5 août 1825, qui a condamné ce dernier à contribuer au paiement des dettes de
cour de cassation du 19 janvier 1819 , ces ex-
pressions remarquables : « Que la loi du 5
« décembre 1814 est une loi politique et spé-
« ciale, et qui doit trouver son interprétation
« dans les motifs qui l'ont fait rendre (1). »

Mais, si à cette époque la sécurité que le gouvernement voulait procurer aux acquéreurs de
domaines nationaux pouvait donner un grand
poids à ces considérations, et faire prévaloir
la jurisprudence de la cour de cassation sur
cell edes trois cours royales de Paris, de Caen
et de Besançon , il n'en est plus de même aujourd'hui que la loi d'indemnité en faveur des
anciens propriétaires dépossédés, rendant
hommage au droit de ces propriétaires, a
donné aux acquéreurs de leurs biens la plus
forte des garanties qu'ils auraient pu désirer.
Les lois des 5 décembre 1814 et 27 avril 1825,
sont deux lois parallèles : ou plutôt, la seconde

______

(1) En décidant que la loi du 5 décembre 1814 a fait aux
anciens propriétaires dépossédés une restitution de justice,
la cour de cassation aurait reconnu que le droit de propriété
de ces confiscataires avait toujours existé ; que la confiscation
avait été injuste et illégale, et qu'elle n'avait pas transféré à
l'État la propriété des biens confisqués ; la restitution de
justice effaçant la trace de la confiscation , la conséquence
nécessaire de ce principe eût été de proclamer la nullité des
ventes des biens des émigrés , et le droit d'évincer les posses-
seurs de ces biens tant qu'une juste indemnité n'aurait pas
été payée par l'État aux anciens propriétaires dépossédés par
ces ventes.

n'est que le supplément de la première. Or, cette dernière loi reconnaît en termes exprès, dans son article premier, que l'indemnité qu'elle accorde aux confiscataires pour leurs biens fonds confisqués et aliénés par l'Etat, leur était *due* : ce qui suppose nécessairement que la confiscation avait été illégale, et que leur droit de propriété n'avait pas cessé d'exister, nonobstant la dépossession de fait des anciens propriétaires; en sorte que la restitution de ces biens leur aurait été faite en nature par l'Etat, s'il ne les avait pas aliénés; d'où il suit que la restitution faite en 1814 a été une restitution de justice, fondée sur le droit de propriété des anciens propriétaires dépossédés : car il serait absurde de dire que la restitution des biens en nature est un *don*, une *libéralité*, et que l'indemnité qui représente les biens est une dette de l'Etat envers l'ancien propriétaire dépossédé. Il est impossible d'admettre des principes contradictoires dans deux lois qui ont le même but. Aussi la cour de cassation elle-même paraît-elle reculer devant les conséquences de sa jurisprudence : en effet elle a, par un arrêt du 26 juillet 1826, rejeté le pourvoi de M. le marquis *d'Espinay Saint-Luc*, contre un arrêt de la cour royale de Paris, du 5 août 1825, qui a condamné ce dernier à contribuer au paiement des dettes de la succession de M. *de Leguerney*, dans la proportion des biens de cette succession qui lui étaient dévolus en vertu de la loi du 5 décembre 1814 ; et on conçoit que si ces biens lui eussent été acquis à titre de don ou de libéralité, il n'aurait pas dû être tenu au paiement des dettes dont les lois de confiscation les avaient affranchis, et dont l'Etat, donateur prétendu de M. *d'Espinay Saint-Luc*, avait été libéré par la déchéance encourue contre les créanciers (1).

Au reste, peu importe à la solution de la question qu'on agite, que les biens rendus par la loi du 5 décembre 1814 aient été restitués à titre de justice ou à titre de libéralité ; il faudra toujours en revenir à ce point que le *don* de l'immeuble confisqué, fait par l'Etat au confiscataire ou à son héritier ou ayant cause, n'emporte pas nécessairement la remise donnée en nantissement ne fait présumer la remise de la dette (2).

---

(1) La loi du 5 décembre 1814 est ainsi conçue (art. 2) : « Tous les biens immeubles sequestrés ou confisqués « pour cause d'émigration, ainsi que ceux advenus à « l'État par suite de partages de successions ou de pré- « successions, qui n'ont pas été vendus et font actuelle- « ment partie du domaine de l'État, seront rendus en « nature à ceux qui en étaient propriétaires, ou à leurs « héritiers ou ayant cause. »

(2) Si la restitution des biens fonds non vendus faite en 1814 aux anciens propriétaires, eût entraîné la remise des dettes payées par l'État aux créanciers des anciens propriétaires, ces dettes eussent été éteintes dès cette époque, et on ne con-

Pour n'omettre aucune des objections qui pourraient être faites par les anciens confiscataires débiteurs de l'Etat , on doit parler de la prescription. Peut-elle être opposée par les débiteurs? Non. Les actions tant réelles que personnelles ne se prescrivent que par trente ans (Cod. civil. art. 2262). La prescription n'a pu commencer à courir contre l'Etat que depuis la loi du 5 décembre 1814 qui a fait revivre contre l'ancien propriétaire rentré dans la possession de ses biens , la créance qui avait été éteinte par le paiement fait par l'Etat à la décharge du confiscataire. Jusque-là, l'Etat n'avait aucune action contre le débiteur qu'il représentait tant activement que passivement, il ne pouvait pas agir. Ainsi la prescription n'a pu commencer son cours. Les débiteurs peuvent être poursuivis immédiatement à la requête de l'agent du trésor royal, en remboursement des dettes que l'Etat a payées pour eux. Il n'est pas besoin d'une loi pour cela, une décision du ministre des finances suffit. Mais on pourrait demander, si une loi serait nécessaire pour que les sommes à provenir de ces remboursemens fussent affectées au fonds commun. On ne le pense pas. La loi du 27 avril 1825 suffit pour

---

coit pas alors comment l'Etat aurait pu en 1825 faire la déduction aux anciens propriétaires qui , après avoir obtenu la restitution de ceux de leurs biens fonds non aliénés, réclamaient l'indemnité pour leurs biens vendus.

décider que ces sommes, à quelque valeur qu'elles s'élèvent, ne peuvent pas avoir un autre emploi. Il n'est question que de développer et d'expliquer cette dernière loi; et tout au plus de provoquer une loi additionnelle à celle du 27 avril 1825. C'est à solliciter cette loi, si le ministre des finances pense que sa responsabilité lui en fait un devoir, et à obtenir du gouvernement qu'il en présente le projet à la chambre des députés, que doivent se borner les efforts et les espérances de ce grand nombre de confiscataires dont la liquidation à été tellement au-dessous de dix-huit fois le revenu de 1790, que quelques-uns n'ont pas même deux ou trois fois ce revenu.

Entre les confiscataires dont les biens non vendus leur ont été restitués en nature dès l'année 1814, et qui sont débiteurs de l'Etat pour le capital des dettes payées à leur décharge, et les confiscataires qui, par le résultat des bases fixées par l'article 2 de la loi du 27 avril 1825, n'ont obtenu pour leurs biens vendus qu'une indemnité au-dessous de dix-huit fois le revenu de ces biens valeur de 1790, le gouvernement n'aura pas à balancer. Sans doute les premiers éprouveront une grande contrariété en se voyant contraints à payer des dettes auxquelles ils ne pensaient plus; mais qu'ils réfléchissent à la position des seconds qui ne peut être améliorée que par un accroissement du fonds commun. Or, il n'y a, comme on l'a déja dit, que deux moyens d'accroître le fonds commun : un vote par les chambres d'un supplément de crédit suffisant pour réparer les inégalités, résultantes entre les indemnisés, des bases que la loi a fixées pour la liquidation de l'indemnité; ou l'affectation au fonds commun des créances dues à l'Etat par les confiscataires rentrés dans la possession de leurs biens confisqués.

Ce second moyen est le seul qui soit légal, juste, et praticable. La loi du 27 avril 1825 a déclaré dans son article premier que l'indemnité de trente millions de rente « était dé- « finitive, et que dans aucun cas il ne pourrait « y être affecté aucune somme excédant celle « qui est portée au présent article. »

Une disposition aussi formelle ne permet pas de demander aux chambres un supplément de fonds. Mais ce n'est pas proposer de faire de nouveaux fonds que de demander que les sommes dont l'Etat est créancier des confiscataires qui ont obtenu la restitution de leurs biens soient affectées à l'accroissement du fonds commun. Ce n'est qu'expliquer et interpréter, ou même seulement compléter la loi du 27 avril 1825. En effet, on a déja vu que cette loi, en affectant seulement la somme de trente millions de rente, au capital d'un milliard, à l'indemnité des Français dépossédés de leurs propriétés par les confiscations révolutionnaires, avait pris pour base de cette évaluation, d'une part, la valeur totale des biens confisqués et vendus nationalement, laquelle s'élevait en la calculant sur le pied de vingt fois le revenu de 1790, à la somme de 1,297,760,607 fr. 96 c. (*k*), et d'une autre part les dettes payées par l'Etat, à la décharge de tous les confiscataires en masse, sans faire de distinction entre ceux dont les biens leur avaient été restitués, et ceux dont les biens n'avaient pas pu l'être, ayant été aliénés par l'Etat, ces dettes s'élevaient à la somme de 309,940,645 fr. Cette somme déduite de la valeur totale des biens, d'après l'évaluation ci-dessus, le capital pour lequel l'indemnité devait être accordée, demeurait fixé à la somme de 987,819,962 fr. 96 c. Or, ce ne serait pas cette somme qui aurait été allouée aux confiscataires ayant droit à l'indemnité, si la masse des propriétaires dépossédés ne devait à l'Etat qu'une somme de 150,000,000, par exemple, au lieu de celle de 309,940,645 fr. dont on supposait que la déduction serait opérée sur la totalité des indemnisés. Dans ce cas, si une erreur n'eût pas été commise sur cette déduction, le capital nécessaire pour payer l'indemnité d'après les bases fixées par la loi, aurait dû être de 1,147,760,607 fr., au lieu de 987,819,962 fr. 96 c. Ainsi la loi du 27 avril 1825 a voulu bien certainement deux choses : la première, que trente millions de rentes trois pour cent, au capital d'un milliard, fussent affectés à l'indemnité accordée aux propriétaires de biens fonds dépossédés par les actes des gouvernemens révolutionnaires ; la seconde, que la somme de 309,940,645 fr. fût déduite sur la masse des indemnisés pour les dettes payées par l'Etat à leur décharge. Pour que cette seconde disposition de la loi fût exécutée, il faudrait que les déductions opérées sur les indemnisés s'élevassent à cette somme, ce qui est démontré aujourd'hui être impossible. L'unique moyen de satisfaire à l'esprit comme à la lettre de la loi, est de compléter implicitement ces déductions en augmentant le fonds commun, du capital des créances dues à l'Etat par les confiscataires restitués dans leurs biens. Ces créances ont été virtuellement cédées par la loi du 27 avril 1825 aux confiscataires dépossédés, puisque elles leur ont été précomptées comme représentant des dettes acquittées à leur décharge ; elles leur appartiennent comme faisant une partie essentielle des fonds qui ont été votés par les chambres, pour les indemniser de leurs biens aliénés, et affectés au paiement de cette indemnité due par l'Etat à cause de cette aliénation. On pourrait même aller jusqu'à dire que cette loi les a, en quelque sorte, subrogés dans les droits et actions qui étaient acquis à l'Etat contre les confiscataires restitués dans leurs biens, et que les dettes de ces confiscataires, payées par l'Etat, ont été par une fiction de la loi, acquittées d'avance avec les deniers appartenant aux autres confiscataires dont les biens avaient été aliénés,

Le droit de ces derniers confiscataires sur les créances dues à l'Etat par les premiers, étant positif, incontestable, le gouvernement non-seulement est obligé légalement de l'exercer à leur profit comme une conséquence forcée de l'exécution de la loi du 27 avril 1825, mais encore l'équité et le but politique de cette loi lui en imposent la nécessité.

L'équité demande impérieusement que les confiscataires restitués dans leurs biens ne s'enrichissent pas au détriment des autres confiscataires dont la liquidation de l'indemnité a été au-dessous de dix-huit fois le revenu de leurs biens vendus.

Il est évident que, pour ces derniers, le but politique de la loi d'indemnité ne serait pas atteint, car ils seraient fondés à dire qu'ils

n'ont pas reçu de l'Etat la valeur des biens
fonds dont la confiscation les a dépouillés de
fait, mais qui n'a pu être légitimée à leur
égard, au profit des acquéreurs de ces biens,
que par un paiement réel, ou au moins par
un paiement équivalent à celui que les autres
confiscataires ont reçu en vertu de la loi d'indemnité. A leur égard, cette loi ne serait
qu'une cruelle dérision. Ne serait-il pas en
effet dérisoire de prétendre que tels confiscataires qu'on pourrait nommer par milliers ont
été indemnisés de leur propriété par une rente
trois pour cent du capital de deux, trois ou
même de quatre fois le revenu de 1790 de
leurs biens fonds aliénés par l'Etat, lorsque
les deux tiers des confiscataires auraient été
liquidés à une rente de même nature, au capital de dix-huit fois le revenu de leurs biens
fonds? Mais ce qui serait encore plus révoltant
que dérisoire, c'est que les confiscataires les
plus favorisés, on veut parler de ceux auxquels
les biens confisqués ont été restitués en 1814,
eussent payé leurs dettes, et libéré leurs biens
fonds, aux dépens de ceux des confiscataires
qui n'ont reçu qu'un à compte sur l'indemnité
dont le complément leur avait été solennellement promis sur le fonds commun; c'est cependant ce qui aurait lieu si les confiscataires
restitués dans leurs biens ne rétablissaient pas

au crédit du fonds commun la somme de cent vingt millions au moins qui a été employée à payer les capitaux de leurs dettes, et que la loi du 27 avril 1825 a comprise dans la masse des déductions à opérer sur les liquidations des indemnités (*l*).

Ce ne sont pas seulement ceux des propriétaires dépossédés et dont l'indemnité liquidée d'après le prix de vente réduit en numéraire au jour de l'adjudication, est au-dessous du capital de dix-huit fois le revenu de 1790, qui ont intérêt à ce que le fonds commun soit augmenté des créances dues à l'Etat par les confiscataires restitués dans leurs biens. Cette première justice rendue aux indemnisés : c'est-à-dire ceux de la seconde catégorie, ayant reçu de même que ceux de la première, dix-huit fois le revenu de leurs biens , valeur de 1790, la loi qui doit régler la répartition du fonds commun pourrait, si ce fonds était tel qu'il devrait être d'après le vœu de la loi du 27 avril 1825, réparer encore de grandes injustices qui ont été commises dans le cours de la liquidation. On se bornera à en citer deux parmi un plus grand nombre qu'il serait possible de relever.

La première est la déduction qui a été faite sur l'actif de l'indemnité, des intérêts des dettes payées par l'Etat, en même temps que le capital des créances acquittées (1).

La seconde injustice, qui devrait trouver sa réparation dans la loi sur le fonds commun, est celle qu'éprouvent les anciens propriétaires de biens fonds confisqués, affectés à la dotation de la légion d'honneur, ou des sénatoreries, cédés ensuite à la caisse d'amortissement et aliénés à une époque où les biens des émigrés étaient achetés à un prix presque égal à celui des biens patrimoniaux. Il est arrivé souvent que ce prix a excédé beaucoup dix-huit fois le revenu de ces biens constaté par le procès-verbal d'adjudication. Dans ce cas, l'ancien propriétaire a demandé que l'indemnité fût liquidée à la somme en argent réellement versée dans les caisses du gouvernement. Mais cette demande n'a pas été accueillie, et le conseil d'état a décidé que l'ancien propriétaire n'avait droit qu'à un capital en rentes trois pour cent de dix-huit

---

(1) Parmi les décisions qui peuvent être considérées comme un sacrifice offert au fonds commun, on peut citer les décisions du conseil-d'État qui ont ajouté à la déduction du capital des dettes payées par l'État, à la décharge de l'ancien propriétaire dépossédé, celle des intérêts produits par ce capital depuis l'époque de la confiscation des biens du dépossédé jusqu'au remboursement fait par l'État. Il est évident que ces intérêts étaient dus par l'État devenu débiteur du capital de la dette, et qu'ils n'ont pu être payés qu'à sa décharge et non à celle du dépossédé qui avait cessé d'être débiteur.

fois le revenu énoncé dans le procès-verbal d'adjudication. (*Voyez* l'ordonnance royale du 9 mai 1827 dans l'affaire des héritiers *Laborie de campagne.*)

Cette décision, en admettant qu'elle puisse être justifiée par la lettre de la loi du 27 avril 1825, n'en serait pas moins contraire à l'équité, ainsi qu'au principe du droit commun sur la restitution des choses confisquées illégalement, et restituées ensuite aux confiscataires.

Il serait contre l'équité que l'Etat, qui a restitué en nature les biens fonds confisqués et non aliénés ne restituât qu'une partie du prix qui a été versé dans ses caisses pour ceux des biens fonds qu'il a aliénés. La confiscation des biens fonds étant reconnue injuste l'Etat ne peut rien retenir du capital en argent qui représente, par une fiction de droit, les biens fonds eux-mêmes.

Il serait contraire au principe du droit commun, que l'Etat ne restituât pas la totalité de ce capital confisqué. Ce principe, qui est connu dans le droit romain sous le nom de l'action *de in rem verso* veut, que l'Etat qui a exercé la confiscation, restitue aux confiscataires tout ce qu'il en a retiré. La convention nationale elle-même a rendu hommage à ce principe dans la loi du 18 prairial an III, dont

4

l'article 21 ordonne la restitution aux héritiers du condamné révolutionnairement, du prix payé au trésor public des biens confisqués sur le condamné et aliénés par l'Etat.

Si le même principe n'a pas été pris pour base de l'indemnité dans la loi du 27 avril 1825, c'est que la presque totalité des aliénations des biens des émigrés, ayant été faites pendant le cours des assignats et des autres valeurs de l'Etat admissibles en paiement des biens nationaux et à des époques, et dans des départemens différens où l'acquisition de ces biens était considérée par les acheteurs comme offrant une sécurité plus ou moins grande, selon les succès ou les revers de la révolution, il a été reconnu, que le prix de vente réduit au cours d'après l'échelle de dépréciation, ne pourrait pas fournir une juste évaluation de la valeur des biens.

Enfin, si, après avoir réparé les inégalités qui existent entre les indemnisés de la première et de la seconde catégorie, et les injustices qui ont été commises par une interprétation trop dure de la loi d'indemnité, il restait encore des fonds libres, ils devraient être distribués au marc le franc entre tous les indemnisés tant de la première que de la seconde catégorie : les uns comme les autres sont donc intéressés à ce que le fonds com-

mun ne soit pas spolié des créances ou recouvremens qui lui appartiennent.

On sait que le projet de loi présenté par le
gouvernement allouait aux anciens propriétaires dépossédés placés dans la première
catégorie , un capital en rentes trois pour
cent de vingt fois le revenu de 1790 : que ce
fut sur un amendement proposé par M. de
Lastours, que ce capital fut réduit à dix-huit
fois le revenu, pour augmenter, disait l'auteur de cet amendement, « d'autant le fonds
« commun, si nécessaire pour réparer les
« inégalités individuelles qui seront la consé-
« quence inévitable du maintien des bases
« proposées par le gouvernement. »

Dans la discussion de la loi à la chambre
des Pairs , M. le comte de Tournon proposa
de supprimer l'amendement de M. de *Lastours*, et de revenir à la fixation première de
vingt fois le revenu que le gouvernement avait
cru devoir établir.

Mais M. le ministre des finances répondit,
que le gouvernement lui-même avait reconnu
qu'il devait résulter des inégalités entre les
deux catégories d'indemnisés à raison du mode
d'évaluation admis pour chacune d'elles :
que ce fut pour réparer ces inégalités qu'un
fonds commun fut résolu. Que la discussion
ayant signalé, de plus en plus, les fâcheux ré-

sultats qu'aurait pour quelques-uns des indemnisés la différence du mode d'évaluation, on
proposa d'augmenter le fonds commun de
deux vingtièmes prélevés sur l'évaluation
des bases de la première catégorie. Que le
résultat des liquidations pourrait seul faire
connaître si cette disposition adoptée sans
que le gouvernement eût émis aucune opposition, atteindrait le but que l'on s'était proposé. Que jusque-là tout ce qu'on pouvait
dire, c'est qu'il y aurait dans les évaluations
de grandes inégalités à réparer, que ce n'était
qu'après que tout serait terminé que l'on
saurait si le fonds commun était excessif; mais
qu'on devait au moins reconnaître que la rete-
nue faite par le projet était sans inconvénient,
puisqu'une loi nouvelle serait nécessaire pour
régler la répartition du fonds commun, et
qu'au moment où elle pourrait être rendue,
les chambres seraient entourées de tous les
documens nécessaires pour prononcer en
connaissance de cause sur les nombreuses
difficultés auxquelles cette répartition pourrait donner lieu. « Qu'alors, si la première ca-
« tégorie avait quelque chose à réclamer,
« on pourrait lui rendre une partie de la ré-
« serve que l'on prenait aujourd'hui sur elle,
« ou bien dans le cas contraire, la distribuer
« en entier à l'autre catégorie, et arriver ainsi

« au but que toutes les opinions se proposent
« *à une répartition aussi égale que possible de la*
« *somme allouée pour l'indemnité.* »

Combien on est éloigné de l'égalité de cette
répartition entre les indemnisés, qui était le
but auquel tendaient toutes les opinions!
C'est en vain qu'on voudrait le dissimuler;
quelque rigueur que la commission de liquidation et le conseil d'état continuent d'apporter dans l'examen et l'admission des réclamations qui restent encore à juger au nombre de près de cinq mille cinq cent (c'est environ le quart de la totalité des réclamations
présentées en ayant égard aux réclamations
qui font un double emploi), il ne restera aucune somme libre après la liquidation. Il est
possible même, suivant que certaines liquidations seront admises ou rejetées, il y ait
insuffisance de fonds pour payer toutes les
demandes liquidées. Ce résultat probable de la
liquidation c'est-à-dire qu'il n'y aura point de
fonds commun, n'a pas échappé au ministre
des finances : on en trouve la preuve dans l'un
des considérans qui précèdent l'ordonnance
royale du 8 mars dernier : « Il importe de con-
« naître le plus tôt possible le résultat de toutes
« les allocations faites, pour procéder, *s'il y a*
« *lieu*, à l'exécution du dernier paragraphe
« de l'article 2 de la loi du 27 avril 1825. »

Ce paragraphe porte que « lorsque le ré-
« sultat des liquidations aura été connu, les
« sommes restées libres sur les trente millions
« de rentes déterminés par l'article 1er, seront
« employées à réparer les inégalités qui au-
« raient pu résulter des bases fixées par le
« présent article, suivant le mode qui sera
« réglé par une loi. »

Cette attribution faite par la loi, en faveur
des indemnisés de la seconde catégorie,
étant irrévocable, et constituant à l'égard de
ces anciens propriétaires dépossédés, un
droit acquis dont ils ne peuvent être légalement dépouillés, il n'y a qu'un seul cas possible, où il n'y aurait pas lieu de procéder par
une loi à la répartition de ces sommes restées
libres dont l'ensemble doit composer le fonds
commun : c'est celui où, les allocations faites
par la commission de liquidation auraient absorbé la totalité des trente millions de rentes
affectés à l'indemnité due par l'Etat aux anciens propriétaires dépossédés : ou, en d'autres termes, dans le cas où il n'y aurait pas de
fonds commun.

Il n'y a en effet que la possibilité d'un déficit absolu du fonds commun qui puisse mo-
tiver le doute que le considérant de l'ordonnance précitée a énoncé sur l'exécution de la
disposition de l'article 2 de la loi du 27 avril

1825 concernant la réparation des inégalités résultant des bases fixées pour la liquidation. Mais, dans ce doute, ne serait-il pas raisonnable de suspendre la délivrance du dernier cinquième des inscriptions de rentes provenant de la liquidation des indemnisés de la première catégorie? car ce serait la seule et dernière ressource dans laquelle on pourrait, sans injustice, puiser des moyens de réparation envers les indemnisés de la seconde catégorie, si, le fonds commun étant nul, le gouvernement se refusait, contre la lettre et l'esprit de la loi du 27 avril 1825 à affecter à ce déficit le produit du recouvrement des créances dues à l'Etat par les confiscataires restitués dans leurs biens. Ce serait alors, on le répète, l'unique remède qu'on pût employer pour corriger l'énorme vice des bases de la liquidation, et pour arriver, comme le disait M. de Villèle à la chambre des Pairs, au but que toutes les opinions se sont proposées, et la seule que l'équité puisse admettre *une répartition aussi égale que possible de la somme allouée pour l'indemnité.*

Au reste, quand bien même le fonds commun serait de dix millions, ce qui est invraisemblable, nous oserons même dire impossible, cette somme serait évidemment insuffisante pour réparer les inégalités immenses qui existent entre les indemnisés des deux catégories, et, à plus forte raison, pour satisfaire aux autres réparations qu'une stricte justice ne pourrait pas refuser à certains propriétaires dépossédés dont la liquidation présente une lésion aussi énorme qu'elle est évidente. L'unique moyen, comme on l'a déja dit, d'arriver à une répartition aussi égale que possible de la somme allouée pour l'indemnité, ce qui a été le but de la loi du 27 avril 1825, est de faire porter au crédit du fonds commun toutes les sommes à provenir des recouvremens des créances dues à l'Etat et payables en argent par les confiscataires restitués dans leurs biens fonds.

On dit que les anciens propriétaires doivent payer leurs dettes en argent et non en rentes trois pour cent, comme les indemnisés sont autorisés par l'article 18 de la loi du 27 avril 1825 à se libérer des causes des oppositions formées à la délivrance de leurs inscriptions de rente par leurs créanciers porteurs de titres antérieurs à la confiscation : parce que leurs biens leur ayant été restitués en nature, ils ne peuvent pas invoquer le bénéfice du principe de droit et d'équité sur lequel la disposition de cet article est fondé (1).

____

(1) *Leg. 3 Cod. de sentent. pass. et restitut.*

Ils doivent donc payer en argent les créances dont l'Etat est porteur par suite de la subrogation aux droits de leurs créanciers originaires, de la même manière qu'ils auraient été contraints de les payer à ces créanciers si l'Etat ne les eût pas remboursés. Mais, indépendamment du capital des créances, les débiteurs pourraient être obligés à payer cinq années d'arrérages aux termes de l'article 2277 du code civil qui admet la prescription de cinq ans pour les arrérages des sommes prêtées.

On ne croit pas se tromper dans l'évaluation de ces créances en les portant à la somme de cent quarante millions de francs, avec laquelle on pourrait acquérir pour le compte du fonds commun cinq millions cinq cent mille francs de rentes trois pour cent au capital de de cent soixante huit millions, en calculant la rente trois pour cent au taux de 80 francs, dont la répartition équitablement faite par une loi rétablirait l'égalité entre tous les indemnisés, et pourrait réparer en outre les griefs résultant de quelques décisions trop sévères de la commission de liquidation sur certaines questions (*m*).

Mais, sans cette augmentation ou pour mieux dire, sans cette création du fonds commun on ne doit pas penser à proposer

cette loi : elle ne servirait qu'à découvrir davantage les plaies faites par la loi du 27 avril
1825 aux indemnisés que leur malheureuse
étoile a fait placer dans la seconde catégorie,
à les rendre plus vives sans les guérir; à mettre
au grand jour tous les vices d'une loi, qui, à
la vérité, présentait des difficultés graves,
mais qu'il n'eût peut-être pas été impossible
de surmonter, si la légèreté et la présomption
ordinaires du ministre des finances (1) chargé
de préparer cette grande loi ne lui eussent pas
fait rejeter dédaigneusement les conseils qui
lui étaient offerts, par des hommes dont les
lumières et l'expérience l'auraient certainement garanti des erreurs grossières dans lesquelles il est tombé, au grand préjudice d'un
nombre immense d'anciens propriétaires, et
qui sont véritablement inexcusables dans un
homme d'Etat (n).

____

(1) C'est par une suite de ce caractère de légèreté incroyable de
M. de Villèle, que dans le cours de la discussion de la loi dans la
chambre des députés, un orateur ayant demandé si les princes du
sang auraient droit, pour ceux de leurs biens aliénés, au bénéfice de
la loi d'indemnité, ce ministre répondit avec assurance que ces princes ne se présenteraient pas pour réclamer leurs indemnités. On sait
qu'il en a été autrement, et que les indemnités obtenues par une
seule des branches de la famille royale ont absorbé plus de onze
millions.

NOTES

(a) La vérité, en ce qui me concerne, est, qu'immédiatement après la publication de la loi d'indemnité, un comité de souscription s'est formé et a proposé de faire un fonds pour acquérir une propriété qui me serait offerte au nom de toutes les victimes des confiscations révolutionnaires. Depuis près de cinq ans, le comité a recueilli une centaine de souscriptions à ce qu'on m'assure; le produit de ces souscriptions, reçues par trois notaires de Paris, désignés par le comité (ces trois notaires sont : MM. *Bertrand*, notaire honoraire, rue des Bons-Enfans; *Cottenet*, rue Saint-Honoré, et *Thourin*, rue de Grenelle.) est versé par eux dans la caisse des dépôts et consignations, en attendant que la totalité des souscriptions soit réalisée, et que la somme qui doit être employée en acquisition d'une propriété foncière soit connue et déterminée. Lorsque la souscription sera fermée, le comité fera publier, par la voie du Moniteur, les noms de chaque souscripteur et le montant de la souscription, ainsi que l'emploi qui aura été fait des fonds; ce sera seulement alors qu'on pourra juger si la récompense que j'aurai reçue est aussi immense que les journaux libéraux ont affecté de le dire, et si elle sera même une juste indemnité de l'office d'avocat à la cour de cassation, qui vaudrait aujourd'hui cent mille francs,. et que les injustes persécutions auxquelles j'ai été exposé, m'ont engagé à céder en 1816 pour une modique somme de 20 mille francs dont je n'ai pas été payé par l'insolvabilité de l'acheteur.

(*b*) La première édition de cet ouvrage fut publiée avant la Charte constitutionnelle. Je démontrais le droit des anciens propriétaires à la restitution de leurs biens en nature, ou à une indemnité qui devait leur être payée par l'Etat.

Les acquéreurs de domaines nationaux furent alarmés. Une pétition fut présentée à la Chambre des députés par la femme divorcée et remariée d'un ancien conseiller au parlement de Paris, sous le nom d'une dame *Mathea*, tant contre moi que contre mon honorable confrère, M. Falconnet. Le rapport qui en fut fait à la Chambre, dans la séance du 27 juillet 1814, fut suivi d'un décret d'ordre du jour, motivé sur ce que les plaintes de la pétitionnaire étaient dénuées de fondement, les ventes des domaines nationaux ayant été confirmées solennellement par la déclaration de Saint-Ouen, du 2 mai 1814, et par l'article 9 de la Charte constitutionnelle.

Mais ce décret d'ordre du jour, ne donnant point une satisfaction complète aux acquéreurs de biens nationaux, le parti de la révolution obtint du ministère de Louis XVIII de nous faire mettre en accusation, M. Falconnet et moi, en nous appliquant les dispositions des articles 91 et 102 du Code pénal, qui punissent de la peine de mort et de la confiscation des

biens; ceux qui, par des écrits imprimés, excitent la
guerre civile.

Cette accusation était absurde : cependant nous
fûmes arrêtés en vertu d'un mandat d'arrêt décerné
contre nous le 10 août 1814; et nous ne dûmes
notre liberté qu'à un arrêt de la Cour royale de Paris,
chambre des mises en accusation, du 21 du même mois.
La douleur que mon honorable confrère Falconnet
éprouva de cette singulière récompense de sa fidélité
à la monarchie et à la maison de Bourbon dans les
temps les plus difficiles de la révolution abrégea ses
jours. Il mourut en 1818, et sa mort priva la cause
des émigrés du seul jurisconsulte dans tout le royaume dont la voix se fût jointe à la mienne lorsqu'il y
avait du danger à proclamer les principes du droit et
de la justice.

(A) Cet ouvrage a eu une grande influence sur la
loi d'indemnité; on lui doit les arrêts célèbres de la
Cour royale de Dijon, des 12 et 14 avril 1824, dans
les affaires de M. Mallard contre Picard, et du pré-
sident de Bevy contre Mme la marquise de la Guiche,
et plusieurs jugemens des tribunaux de première instance, qui ont changé la jurisprudence sur les dettes
des émigrés. J'ai démontré que si les anciens propriétaires dépouillés de leurs biens par suite de la mort
civile qui avait été prononcée contre eux, n'étaient pas
restitués dans leurs biens, à titre de justice, ils ne
pouvaient pas être obligés envers leurs créanciers antérieurs à la confiscation, au paiement des dettes qui
étaient devenues les dettes de l'Etat qui s'était emparé

de tous leurs biens. On a beaucoup critiqué ces arrêts de la Cour de Dijon. Le premier a été exécuté par les parties ; on s'est pourvu en cassation contre le second ; mais la section civile n'avait pas encore prononcé sur ce pourvoi, lorsque la loi du 27 avril 1825 a décidé la question par son article 18.

(*d*) Toutes les bases de la loi du 27 avril 1825 ont été puisées littéralement dans cet ouvrage, ainsi que dans le projet de loi d'indemnité que j'avais fait imprimer et distribuer à plus de 500 exemplaires au mois d'octobre 1824. Je le publiai de concert avec M. Bergasse qui, sur mes instances et sur celles de M. le comte de Montlosier son ami, consentit à publier en même temps que moi son bel ouvrage sur la propriété, d'après la garantie qu'il demanda et qui lui fut donnée par M. le garde des seaux de *Serres* qu'il ne serait point inquiété pour cette publication. Mais les révolutions de Piémont et de Naples qui éclatèrent cette année 1821, firent oublier cette promesse. Il fut traduit devant la Cour d'assises, et acquitté honorablement. Depuis, dès les premiers jours du ministère de M. de Villèle, il a obtenu une pension de six mille francs sur les fonds du ministère de l'intérieur, sous la condition à ce qu'on dit alors, mais ce que je ne peut pas affirmer, de ne plus rien écrire en faveur des émigrés, cependant depuis cette époque, il n'a plus rien écrit sur les émigrés et il m'a laissé la tâche de continuer seul mes efforts pour le triomphe de la cause à la défense de laquelle il s'était momentanément associé.

(*e*) Le ministère dont M. le garde-des-sceaux *de*

Serres faisait partie, s'occupait, quand il fut remplacé par le ministère Villèle, de préparer la loi d'indemnité des émigrés. Ce fut sur l'invitation de ce ministre, que je discutai dans cet écrit les bases à donner à la loi d'indemnité. Je démontrai que cette loi devrait être une loi de justice et non une loi de grace, comme la jurisprudence de la cour de cassation avait interprété la loi du 5 décembre 1814. Le croira-t-on? Le ministère de M. de Villèle s'opposa à la publication de cet ouvrage. Il me demanda comme une grace de consentir à ce que les exemplaires qui étaient imprimés fussent soigneusement renfermés, que pas un seul ne fût distribué. Il en avait fait payer les frais d'impression, de mon consentement, mais il ne pouvait pas pour cela m'empêcher de le faire réimprimer. C'est ce que je fis en 1824. Ce fut cette même année, dans la séance de la Chambre des députés du 14 juin, que M. le comte de la Bourdonnaie fit la proposition de la loi d'indemnité. C'est à cette proposition accueillie par la majorité de la Chambre, et à l'opinion publique que mes écrits avaient disposé à recevoir la loi d'indemnité, qu'on doit attribuer la résolution prise par M. de Villèle, de présenter cette loi dans la session de 1825.

(*f*) Ces observations ont puissamment contribué à faire changer la disposition de l'article 7 du projet de loi présenté par le gouvernement qui, contre les principes du droit commun, appelait à recueillir l'indemnité, l'héritier de l'ancien propriétaire existant à l'époque de la promulgation de la loi, et non celui existant au moment de son décès. Si elles eussent également prévalu sur d'autres imperfections que je signalais dans le projet de loi, on n'aurait pas aujour-d'hui tant d'injustices à réparer.

(*g*) Ces immeubles provenant des confiscations sur les émigrés et incorporés au domaine de l'Etat consistaient principalement dans les bois et forêts, et dans les canaux d'Orléans et de Languedoc. Une loi du 2 nivôse an 4 avait déclaré *inaliénables* les bois et forêts confisqués sur les émigrés : et le senatus-consulte d'amnistie du 6 floréal an X (art. 17), excepta formellement de la remise faite par l'Etat aux propriétaires amnistiés de ceux de leurs biens confisqués et non vendus , les bois et forêts , les immeubles affectés à un service public (tels que les hôtels situés à Paris et occupés par divers ministères ou administrations publiques), et les droits de propriété ou prétendus tels sur les grands canaux de navigation. Nonobstant les dispositions de cette loi et du senatus-consulte d'amnistie , le chef du gouvernement restitua souvent par de simples décrets des bois et forêts à certaines familles de la cour dont les membres s'attachèrent à son service dans son palais auprès de sa personne, ou acceptèrent des emplois militaires ou civils.

(*h*) La même proportion entre les sommes liquidées et les déductions des dettes se retrouve à peu près dans les liquidations faites par la commission dans le mois de mars dernier. L'état de ces liquidations publié dans le Moniteur du 1er avril courant donne pour le total des sommes liquidées à cette époque 780,451,065 f. 95 c. et pour la déduction des dettes pour passif, à la même époque, la somme de 125,468,473 fr. 53 c.

(*i*) Il ne serait pas difficile de calculer approximativement, d'après les liquidations déja faites, quelle somme sera nécessaire pour les liquidations qui restent à faire. En voici le calcul que je peux présenter avec confiance. La totalité des demandes formées pour l'indemnité est de 30,180. Sur cette quantité il faut en retrancher 5,212 pour lesquelles il n'y aura pas lieu de dresser de bordereaux, ce qui reduit le nombre des demandes suivies de liquidation à 24,968.

La commission a liquidé 19550 demandes qui ont employé la somme de 780,700,000 fr. déduction faite des dettes, il ne reste donc plus de libre sur le milliard que la somme de 219,500,000 millions : en supposant que les demandes qui restent à liquider soient d'une valeur proportionnelle, elles devront employer la somme de 216,560,000 fr., laquelle étant retranchée de la somme restée libre par les liquidations précédentes, il resterait pour le fonds commun la somme de 2,940,000 fr. Mais ce calcul sera encore au-dessous de la réalité, si on fait attention que les demandes déja liquidées contiennent proportionnellement une plus grande quantité de petites liquidations qu'il n'y en a dans les demandes qui restent à liquider.

(*k*) Pour être exact, on doit faire observer que cette évaluation se composait de la manière suivante : 1° les biens dont le revenu avait été évalué par les procès-verbaux de vente, et dont la valeur était formée par la multiplication de ce revenu par vingt, s'élevaient à la somme de 692,407,615 fr. 80 c.; 2° ceux dont la valeur était déterminée par le prix d'adjudication ré-

duit d'après l'échelle de dépréciation , représentaient une somme de 6o5,552,992 fr. 16 c.; total
1,297,760,607 fr. 96 c.; mais l'administration des domaines ayant fait déterminer approximativement le
revenu des biens calculés d'après le prix de vente réduit, on avait trouvé pour le capital de ces biens formé
de vingt fois le revenu la somme de 660,000,000 fr.
environ. En sorte que la différence entre les deux bases
d'évaluation proposées par le gouvernement, reconnue
par l'administration des domaines était de 55,000,000 f.
et ce fut pour couvrir cette différence qu'on ne dissi-
mulait pas exister entre les deux catégories des indemnisés, que l'amendement de M. Lastours proposa un
retranchement d'un dixième sur ceux de la première
catégorie, ce qui donnait une somme de 60,000,000
francs, jugée suffisante pour que l'indemnité fût
pour les indemnisés de la seconde catégorie comme
elle l'était pour ceux de la première, de dix-huit fois
le revenu de 1790.

(*l*) On pourrait citer plusieurs confiscataires, entre
autres M. le comte de Langeron, général au service
de l'empereur de Russie, qui devaient à leurs vendeurs à l'époque de leur émigration, tout ou une
grande partie du prix des biens qui leur ont été confisqués, et dont la restitution leur a été faite en nature
en 1814, sans les obliger à rembourser à l'Etat le prix
qu'il avait payé pour eux aux vendeurs : en sorte
que si M. le comte de Langeron n'a pas eu des biens
vendus pour lesquels une indemnité lui soit due, ce
sont les indemnisés de la seconde catégorie ayant droit

au fonds commun qui auront en définitive payé le prix des biens qui lui auront été restitués.

(*m*) Un autre moyen d'accroître le fonds commun pourrait résulter, 1.° des rentes dues à des établissemens ecclésiastiques supprimés, aujourd'hui représentés par l'Etat, par des indemnisés auxquels la déduction des capitaux de ces rentes n'a pas été faite: cinq à six directeurs des domaines seulement ayant fait la recherche de ces rentes pour les déduire sur le montant des liquidations des indemnités.

Les directeurs des domaines de Paris et de Versailles, notamment, n'ont fait faire aucuns relevés de ces rentes.

Il serait cependant très facile d'en avoir connaissance, et d'en déterminer l'importance en compulsant les états des revenus des établissemens ecclésiastiques dressés en exécution de l'article 5 du décret du 26 mars 1790.

2° Des rentes et créances dues aux communes par les anciens propriétaires dépossédés.

Ces rentes et créances ont été déclarées appartenir à l'Etat par l'art. 91, § 29 de la loi du 24 août 1793, et la confusion en a opéré l'extinction pendant que l'Etat représentait les émigrés qui en étaient débiteurs. Il est évident que ceux-ci ont profité de cette extinction de leurs dettes, puisque les communes n'ont pas été réintégrées dans le droit d'en poursuivre contre eux le paiement.

5° Des créances sur l'Etat, qui, dans les partatages de successions et de pré-successions faits avec la république, ont été comprises dans les lots des émigrés, qu'elle représentait, et ont ainsi été éteintes par confusion.

4° Des bonifications qui résulteraient, au profit de l'Etat, de la régularisation des certificats de créances admises en paiement de biens nationaux. L'administration des domaines a cessé de faire procéder à la régularisation de ces certificats, n'ayant plus, depuis la loi du 5 décembre 1814, aucun intérêt à faire le recouvrement de ces bonifications, dont l'article 5 de cette loi avait fait la remise aux anciens propriétaires dépossédés.

(n) Le prince Louis de Rohan auquel j'avais communiqué le projet de loi que j'avais préparé sur l'indemnité, projet qui fut imprimé chez M. Trouvé, au mois d'octobre 1824, et distribué à cinq cents exemplaires plusieurs mois avant la présentation du projet du gouvernement, demanda plusieurs fois avec instance à M. de Villèle, tant en son nom qu'au nom de plusieurs grands propriétaires dépossédés, de me faire donner connaissance du projet de loi que le gouvernement préparait, en alléguant les travaux spéciaux auxquels je m'étais livré depuis dix ans sur cette matière, et les renseignemens et documens nombreux que j'avais réunis pour cet objet. M. de Villèle se refusa constamment à toute communication du projet de loi, disant qu'on ne le connaîtrait que par la présentation qui en serait faite à la Chambre.

Les auteurs de ce projet se bornèrent donc, sans m'avoir entendu, à copier mon projet, en en retranchant plusieurs dispositions essentielles, dont l'exécution de la loi du 27 avril 1825 a fait regretter l'omission. Je rappellerai seulement celles des dispositions de mon projet, qui étaient relatives 1° au délai d'une année qu'il fixait aux créanciers hypothécaires et privilégiés, sur les rentes provenant de l'indemnité, pour faire connaître ces privilèges et hypothèques, et pour conserver leur effet envers les tiers qui auraient fait des contrats de bonne foi avec leurs débiteurs; 2° à la demande de l'indemnité formée par l'héritier naturel ou testamentaire de l'ancien propriétaire, que mon projet décidait formellement n'être pas un acte d'héritier, mais n'obliger l'héritier envers les créanciers du défunt, que jusqu'à concurrence de l'émolument qu'il aurait retiré de la liquidation de l'indemnité; 3° aux cessionnaires des droits successifs ouverts entièrement à la publication de la loi d'indemnité, et que mon projet déclarait n'avoir aucun droit à l'indemnité due à la succession, à moins que la cession n'eût expressément compris l'indemnité; 4° à la nature de l'indemnité, que mon projet reconnaissait implicitement être immeuble, en la déclarant, par exception, meuble relativement à la perception du droit de succession; 5° enfin, à la création d'un ministère public auprès de la commission de liquidation, chargé de la défense des intérêts de la masse des indemnitaires, et le contradicteur légitime de chaque réclamant, et à l'attribution donnée à quatre des sections de la commission de liquidation, pour juger, à l'exclusion du conseil d'État, l'appel des décisions rendues par chacune des cinq sections dont mon projet composait cette commission (1).

(1) On a profité depuis de ces idées dans l'ordonnance qui a prescrit les formalités de la liquidation des colons de Saint-Domingue.

Si le projet de loi du gouvernement m'eût été communiqué avant sa présentation à la Chambre des députés, j'aurais certainement signalé l'erreur relative à la déduction des dettes. Je n'aurais eu besoin que de mettre sous les yeux des rédacteurs du projet du gouvernement ce que j'avais dit dans mon opinion du 21 août 1821, *sur la confiscation et la vente des biens nationaux*, imprimées, à cette époque, sur l'invitation de M. le garde-des-sceaux *de Serres*, et que j'ai fait réimprimer en 1824 malgré le ministère. En parlant des conséquences du principe faux, selon moi, qui avait servi de base à la loi du 5 décembre 1814, je disais, page 60 : « Il en est d'autres et de « très préjudiciables au trésor public par la manière « dont on a effectué certaines restitutions de biens « non vendus, qu'on pourrait signaler ici. »

Et dans une note au bas de la page, *l'éditeur* ajoutait ce qui suit : « L'auteur veut sans doute parler des « restitutions de biens faites à des émigrés dont les « dettes antérieures à la confiscation ont été payées « par l'Etat, et qui ont été réintégrés dans la pro- « priété de leurs biens, sans être tenus à rembourser « ces dettes, à quelques sommes qu'elles se soient « élevées ; et quand bien même elles absorbaient la « valeur des biens confisqués. Dans ce cas, la resti- « tution des biens faite à l'émigré a été préjudiciable « à l'Etat, et la confiscation momentanée a procuré « à l'émigré sa libération envers ses créanciers. »

Au moment où nous terminons cet ouvrage, nous apprenons qu'une pétition rédigée par les soins de

M. de Mutaiglon fils, avocat, rue de Chabannais, n° 3, et couverte de signatures vient d'être déposée sur le bureau ; la Chambre va donc être appelée à discuter cette grande question qui intéresse à un si haut point, tant de propriétaires dépossédés.

A. PIHAN DELAFOREST,

Imprimeur de Monsieur le Dauphin et de la Cour de Cassation,
rue des Noyers , n° 37.